Saffron and Starlight And Other Bilingual Swedish-English Christmas Stories

Pomme Bilingual

Published by Pomme Bilingual, 2024.

While every precaution has been taken in the preparation of this book, the publisher assumes no responsibility for errors or omissions, or for damages resulting from the use of the information contained herein.

SAFFRON AND STARLIGHT AND OTHER BILINGUAL SWEDISH-ENGLISH CHRISTMAS STORIES

First edition. November 24, 2024.

Copyright © 2024 Pomme Bilingual.

ISBN: 979-8230273370

Written by Pomme Bilingual.

Table of Contents

Stilla Natt

Agneta Stenberg drog en djup suck och såg ut över de snöklädda träden som omringade hennes lilla stuga. Efter fyrtio år som bibliotekarie i Stockholm hade hon äntligen pensionerat sig och beslutat att flytta till en liten by i Dalarna. Hon hade drömt om stillhet och ensamhet, särskilt nu under julen. En jul i lugn och ro, tänkte hon, utan det ständiga bruset av stadens gator och utan människors sorl omkring henne. Bara tystnad och frid.

Men det dröjde inte länge förrän hon fick sitt första besök. Hennes granne Lennart Larsson, en äldre man med glittrande ögon och en stor, yvig mustasch, knackade på dörren strax efter att hon flyttat in. Han höll en röd korg i händerna, fylld med hembakade pepparkakor.

"Välkommen till byn!" sa han med ett varmt leende. "Jag tänkte att lite pepparkakor skulle få dig att känna dig som hemma."

Agneta blev lite överrumplad men tackade artigt och bjöd in Lennart på en kopp kaffe. Under samtalet fick hon veta att Lennart var änkling sedan flera år tillbaka och att han hade bott i byn hela sitt liv. Han berättade historier om invånarna, om kalla vintrar och midsomrar vid sjön, och om de gamla traditionerna som fortfarande levde kvar.

Trots Lennarts vänlighet kände Agneta en viss irritation. Hon hade inte flyttat till byn för att umgås, utan för att hitta frid.

Hon önskade att hon hade kunnat säga det rakt ut, men hon ville inte verka oartig. Istället log hon stelt och hoppades att han snart skulle gå.

Men Lennart verkade inte vara den som gav upp så lätt. Nästa dag kom han förbi med en stor säck ved till hennes kamin.

"Jag tänkte att du kanske skulle behöva lite extra värme," sa han och började stapla veden mot väggen. Agneta protesterade svagt men gav snart upp. Trots hennes försök att hålla sig på avstånd fortsatte Lennart dyka upp med små gåvor och förslag om att hjälpa till med småsaker kring huset.

En morgon, precis innan jul, vaknade Agneta till ljudet av en snöskyffel som skrapade utanför hennes dörr. När hon tittade ut såg hon Lennart, iklädd sin slitna mössa och tjocka vinterjacka, som skottade hennes uppfart. Hon skakade på huvudet, delvis irriterad, men samtidigt aningen rörd. Hon gick ut och vinkade till honom.

"Lennart, du behöver verkligen inte göra det där," sa hon, även om hon innerst inne var tacksam.

Han skrattade. "Åh, det är ingen fara, Agneta. Jag är ändå ute och skottar. Och det är väl det man gör för sina grannar, eller hur?"

Agneta log för första gången på riktigt mot honom. Hon bjöd in honom på kaffe och saffransbullar, och för första gången kände hon en viss värme i hans sällskap. Under samtalet insåg hon hur mycket han faktiskt betydde för henne, trots att hon först sett honom som en inkräktare på hennes tystnad.

Julen kom, och byn var täckt av ett tjockt lager snö. Ljusstakar lös i varje fönster, och kyrkklockorna ringde klart i den kalla natten. Agneta och Lennart promenerade tillsammans till byns lilla kyrka för midnattsmässan. De gick sakta, njöt av tystnaden och det mjuka snöfallet som la sig som ett täcke över landskapet.

Efter mässan bjöd Lennart henne på glögg och pepparkakor hemma hos sig. De satt och pratade tills småtimmarna, delade historier från sina liv och skrattade åt små saker de tidigare missförstått om varandra. Agneta insåg att den stillhet hon hade sökt inte behövde vara ensam. Hon hade funnit en vän i Lennart, någon att dela små stunder med, någon som förstod vikten av både tystnad och sällskap.

På juldagsmorgonen vaknade Agneta med ett leende på läpparna. Hon hade fått precis det hon inte visste att hon behövde – värmen av vänskap. Och när hon tittade ut över den frostiga, stilla världen utanför sitt fönster, visste hon att detta var den bästa jul hon någonsin haft.

Silent Night

A gneta Stenberg let out a deep sigh and gazed out over the snow-covered trees surrounding her little cabin. After forty years as a librarian in Stockholm, she had finally retired and decided to move to a small village in Dalarna. She had dreamed of peace and solitude, especially now during Christmas. A Christmas in calm and quiet, she thought, without the constant noise of the city streets and the hum of people around her. Just silence and tranquility.

But it didn't take long before she received her first visit. Her neighbor, Lennart Larsson, an older man with sparkling eyes and a large, bushy mustache, knocked on her door shortly after she had moved in. He was holding a red basket filled with homemade gingerbread cookies.

"Welcome to the village!" he said with a warm smile. "I thought some gingerbread would make you feel at home."

Agneta was a little taken aback but thanked him politely and invited Lennart in for a cup of coffee. During their conversation, she learned that Lennart had been a widower for several years and had lived in the village his whole life. He told stories about the villagers, the cold winters, midsummers by the lake, and the old traditions that still lived on.

Despite Lennart's kindness, Agneta felt a sense of irritation. She hadn't moved to the village to socialize but to find peace. She wished she could say it outright, but she didn't want to seem rude. Instead, she smiled stiffly and hoped he would leave soon.

But Lennart didn't seem like the type to give up easily. The next day, he came by with a large sack of firewood for her stove.

"I thought you might need some extra warmth," he said as he began stacking the wood against the wall. Agneta protested weakly but soon gave in. Despite her attempts to keep her distance, Lennart continued to appear with small gifts and offers to help with little things around the house.

One morning, just before Christmas, Agneta woke to the sound of a snow shovel scraping outside her door. When she looked out, she saw Lennart, dressed in his worn cap and thick winter coat, shoveling her driveway. She shook her head, partly irritated, but also slightly touched. She went outside and waved at him.

"Lennart, you really don't have to do that," she said, though she was secretly grateful.

He laughed. "Oh, it's no trouble, Agneta. I'm out shoveling anyway. And isn't that what you do for your neighbors?"

Agneta smiled for the first time genuinely at him. She invited him in for coffee and saffransbullar, and for the first time, she felt a warmth in his company. During their conversation, she realized how much he actually meant to her, even though she had initially seen him as an intruder on her silence.

Christmas arrived, and the village was covered with a thick layer of snow. Candles glowed in every window, and the church bells rang clearly in the cold night. Agneta and Lennart walked together to the village's little church for midnight mass. They walked slowly, enjoying the silence and the soft snowfall that laid a blanket over the landscape.

After the mass, Lennart invited her for glögg and gingerbread cookies at his home. They sat and talked until the early hours, sharing stories from their lives and laughing at small things they had previously misunderstood about each other. Agneta realized that the stillness she had been searching for didn't need to be solitary. She had found a friend in Lennart, someone to share small moments with, someone who understood the value of both silence and companionship.

On Christmas morning, Agneta woke up with a smile on her face. She had received exactly what she didn't know she needed – the warmth of friendship. And when she looked out over the frosty, quiet world outside her window, she knew this was the best Christmas she had ever had.

Den Förlorade Skuggan

Torbjörn Lindström stod tyst framför dörren till det gamla huset i Göteborg. Det var en kall decemberkväll, och snöflingorna föll långsamt, nästan högtidligt, över den tysta gatan. Han hade inte besökt familjehemmet på många år. Nu, efter hans fars bortgång, hade det blivit hans ansvar att gå igenom allt som fanns kvar – minnen och allt det där som hans far hade lämnat efter sig.

Det kändes märkligt att vara tillbaka. Lukten av träpanelerna i hallen, den slitna mattan i trappan och den gamla spegeln som hängt där sedan han var barn – allt var på plats, som om tiden hade stått stilla. Men huset kändes också annorlunda, fyllt av en stilla, förnimmelsefull skugga.

Hans far, Gunnar, hade alltid varit en tystlåten och strikt man, svår att förstå sig på. Som barn hade Torbjörn känt en ständig press att leva upp till sin fars outtalade förväntningar, en tyngd som hade följt honom genom hela hans liv. När han blev äldre hade relationen mellan dem bara blivit mer spänd, full av outtalade ord och undvikna blickar. De hade aldrig riktigt nått varandra, aldrig funnit ett gemensamt språk. Och nu, när hans far var borta, var det för sent att ställa de frågor som ekade inom honom.

Torbjörn började gå igenom lådorna i vardagsrummet, gamla brev, fotografier, små prylar som hans far sparat av någon anledning. I en låda längst in i ett skåp hittade han ett paket med gamla brev, inslagna i ett snöre. Breven var adresserade till hans far, daterade långt före Torbjörns födelse. Nyfikenheten växte inom honom, och han öppnade försiktigt det första brevet.

Det var från en kvinna vid namn Kerstin. I brevet skrev hon om kärlek, om drömmar och om framtiden – en framtid som hon hade hoppats dela med Gunnar. Torbjörn hade aldrig hört talas om någon Kerstin, och han började läsa vidare, som om breven hade ett eget sug, ett eget liv. Genom varje rad växte bilden av en annan man fram, en ung man fylld av passion och känslor.

Kerstin hade beskrivit en Gunnar som Torbjörn inte kände igen – en man som kunde skratta, gråta, som kunde vara öm och sårbar. Torbjörn undrade vad som hade hänt med denna sida av hans far. Hur hade Gunnar förvandlats från den unge mannen i breven till den strikte, tystlåtne far han själv hade vuxit upp med?

Han fortsatte läsa och fann brev där Kerstin beskrev sitt eget brustna hjärta, hur Gunnar till slut hade valt att lämna henne och börja om. En annan man hade tagit över Gunnars plats i Kerstins liv, men minnet av honom levde kvar i hennes ord, som om hon aldrig riktigt släppt taget.

Torbjörn kände en oväntad värme i bröstet, en känsla av närhet till den man hans far hade varit, långt innan han själv kom in i bilden. Han fortsatte att leta och fann fler ledtrådar till sin fars liv – gamla tidningsurklipp, foton från resor han aldrig hört talas om, och en gammal fickur som låg gömd längst in i en låda. På baksidan av uret fanns en inskription: "Till Gunnar, för att minnas de stunder vi haft – Kerstin."

Det var som om en skugga, hans fars förlorade skugga, hade börjat framträda. Han såg inte längre bara den man han mindes – en hård, orubblig person – utan också en man som hade älskat, sörjt, och gått vidare med ett hjärta fyllt av osynliga ärr. En man som, kanske i sin egen smärta, hade byggt murar runt sig själv och stängt ute både gamla minnen och sin egen son.

Torbjörn satt länge vid skrivbordet, omgiven av papper och ting från ett liv han aldrig känt till. Med varje brev han läste kände han en växande förståelse för sin far, en smärtsam men ändå helande insikt. Det blev tydligt för honom att de tunga tystnaderna mellan dem inte bara handlade om bristande kärlek, utan också om en man som burit sin egen sorg i ensamhet.

När gryningen började skymta genom fönstret kände Torbjörn en sorts frid inom sig, en känsla av att han hade funnit något av sin far som han behövde hitta. Det var inte ett förlåtande ögonblick, men kanske ett första steg mot att släppa taget om de konflikter som aldrig blev uttalade. Det var dags att sluta fred, inte bara med minnet av sin far, utan också med sig själv.

Torbjörn reste sig upp, lade tillbaka breven i lådan och band återigen snöret runt dem. Han gick ut i morgonens tysta kyla och drog in den friska luften. Göteborg var stilla, och snön låg som ett mjukt täcke över staden. Han kände sig lättare, som om en tyngd hade lämnat honom.

Med ett sista ögonkast på huset som hade hållit hans barndom och ungdomars besvärligheter i sina väggar, vände han sig om och gick därifrån, med ett lugn han inte känt på länge. Han bar nu med sig sin fars minne, inte som en skugga utan som en del av

sig själv – en del som äntligen hade fått en chans att bli förstådd
och, på något sätt, försonad.

12

The Lost Shadow

Torbjörn Lindström stood silently in front of the door to the old house in Gothenburg. It was a cold December evening, and snowflakes fell slowly, almost ceremoniously, over the quiet street. He hadn't visited the family home in many years. Now, after his father's passing, it had become his responsibility to go through everything that was left behind – the memories and all the things his father had kept.

It felt strange to be back. The scent of the wooden panels in the hallway, the worn carpet on the stairs, and the old mirror that had hung there since he was a child – everything was in place, as if time had stood still. But the house also felt different, filled with a quiet, perceptive shadow.

His father, Gunnar, had always been a taciturn and strict man, hard to understand. As a child, Torbjörn had felt a constant pressure to live up to his father's unspoken expectations, a weight that had followed him throughout his life. As he grew older, the relationship between them had only become more strained, full of unspoken words and avoided glances. They had never truly reached each other, never found a common language. And now, with his father gone, it was too late to ask the questions that echoed inside him.

Torbjörn began going through the boxes in the living room, old letters, photographs, and little trinkets his father had kept for some reason. In a box deep in a cupboard, he found a package of old letters, tied with a string. The letters were addressed to his father, dated long before Torbjörn was born. His curiosity grew, and he carefully opened the first letter.

It was from a woman named Kerstin. In the letter, she wrote about love, dreams, and the future – a future she had hoped to share with Gunnar. Torbjörn had never heard of anyone named Kerstin, and he began to read further, as if the letters had their own pull, their own life. Through each line, an image of a different man emerged, a young man filled with passion and feelings.

Kerstin had described a Gunnar that Torbjörn didn't recognize – a man who could laugh, cry, who could be tender and vulnerable. Torbjörn wondered what had happened to this side of his father. How had Gunnar transformed from the young man in the letters to the strict, silent father he had grown up with?

He continued reading and found letters where Kerstin described her own broken heart, how Gunnar had eventually chosen to leave her and start over. Another man had taken Gunnar's place in Kerstin's life, but the memory of him lived on in her words, as if she had never truly let go.

Torbjörn felt an unexpected warmth in his chest, a sense of closeness to the man his father had been, long before he came into the picture. He continued searching and found more clues about his father's life – old newspaper clippings, photos from trips he had never heard of, and an old pocket watch hidden deep in a drawer. On the back of the watch, there was an inscription: "To Gunnar, to remember the moments we had – Kerstin."

It was as if a shadow, his father's lost shadow, had begun to emerge. He no longer saw just the man he remembered – a hard, unyielding person – but also a man who had loved, mourned, and moved on with a heart filled with invisible scars. A man who, perhaps in his own pain, had built walls around himself and shut out both old memories and his own son.

Torbjörn sat at the desk for a long time, surrounded by papers and things from a life he had never known. With each letter he read, he felt a growing understanding of his father, a painful yet healing realization. It became clear to him that the heavy silences between them hadn't just been about a lack of love, but also about a man who had carried his own sorrow in solitude.

As dawn began to break through the window, Torbjörn felt a kind of peace within him, a sense that he had found something of his father that he needed to find. It wasn't a moment of forgiveness, but perhaps a first step toward letting go of the conflicts that were never spoken. It was time to make peace, not only with the memory of his father but also with himself.

Torbjörn stood up, put the letters back in the box, and tied the string around them again. He stepped out into the morning's silent cold and breathed in the fresh air. Gothenburg was still, and the snow lay like a soft blanket over the city. He felt lighter, as if a weight had left him.

With one last glance at the house that had held his childhood and the struggles of his youth within its walls, he turned and walked away, with a calm he hadn't felt in a long time. He now carried his father's memory, not as a shadow, but as a part of himself – a part that had finally been given a chance to be understood and, in some way, reconciled.

I Stormens Tystnad

———

Ingrid drog den tjocka yllefilten tätare omkring sig och såg ut genom fönstret. Stormen hade börjat blåsa upp över Gotland redan i gryningen, och nu kastade vinden snöflingorna våldsamt över landskapet. Hennes lilla stuga, belägen på en enslig del av ön, kändes plötsligt ännu mer avskild från världen. Hon hörde träden utanför knaka och vinden vissla runt hörnen som en uråldrig melodi, på en gång både skrämmande och vacker.

Det var precis detta hon hade sökt. Ensamheten, tystnaden. Julen var för henne inte en tid för glädje och sällskap, utan för stillhet och eftertanke. Hon hade alltid känt sig främmande inför de konventioner som andra tycktes omfamna så lätt – de glittrande ljusen, skratten runt middagsbordet, de prydligt inslagna paketen. Allt det där hade känts som en mask för henne, något som dämpade de verkliga känslorna som låg djupare, under ytan.

Hon reste sig från fåtöljen och gick långsamt över till skrivbordet där en hög papper låg utspridda, ofullständiga tankar och halvt påbörjade meningar, som små fragment av hennes själ. Hon strök lätt med fingrarna över ett av arken, kände grovheten av pappret, och undrade varför orden tycktes fly undan henne just nu. Hon hade alltid trott att skrivandet skulle ge henne klarhet, men i stugans enslighet kände hon hur tankarna bara blev mer fragmenterade.

I tystnaden började minnen komma fram, som vågor som rullar in över stranden. Hon såg sin mor, vars ansikte var både blekt och vackert, med en tyst sorg som Ingrid aldrig förstått som barn. Minnet av modern var som en mjuk skugga, alltid där, men alltid flyktig. Hon mindes jularna från barndomen, de stilla stunderna när de satt tysta tillsammans, medan modern försjönk i sina egna tankar och Ingrid undrade vad som pågick bakom hennes sorgsna ögon.

Kanske var det just denna sorg, denna omedvetna saknad som Ingrid nu sökte förstå i sig själv. Hon hade flyttat genom livet med en känsla av rastlöshet, en ovilja att stanna kvar, att rota sig. Relationer hade kommit och gått, vänner hade passerat genom hennes liv som flyktiga moln, men ingen hade lyckats hålla henne kvar. Hon hade alltid valt ensamheten, men nu undrade hon om det var ensamheten som valt henne.

Vinden utanför tilltog, och stugan skakade lätt, som om även den försökte stå emot stormen. Ingrid satte sig vid skrivbordet, grep pennan och började skriva. Orden kom långsamt, nästan motvilligt, som om de krävde att hon skulle utforska djupare, längre ner i sina egna känslor. Hon skrev om sin mor, om de tysta stunderna de delat, om längtan efter något osagt som alltid hade funnits mellan dem. Hon skrev om snön som föll den där julen då hennes mor blev sjuk, om den där känslan av att något höll på att försvinna, något hon aldrig skulle få tillbaka.

I den dämpade tystnaden, bland stormens vilda yttre, började Ingrid känna en frid. Hennes tankar och minnen smälte samman, som om tid och rum upphävdes i det lilla utrymmet av stugan. Hon kände hur ensamheten, som tidigare känts som en börda, nu blev till en omfamning. Det var här, i stormens mitt, där allt var stilla och samtidigt i rörelse, som hon fann klarhet.

Julen för henne blev i den stunden inte längre något främmande, något att undvika. Istället såg hon den som en tid att komma nära sig själv, att söka försoning med det förflutna. Hon tänkte på sin mor och på de hemligheter som förblivit osagda, men också på sig själv och hur hon nu var redo att acceptera dem.

Utan att riktigt förstå hur det hänt, kände hon sig lättare. Som om vinden hade blåst bort några av de tyngsta skuggorna inom henne. Hon lade ner pennan och gick tillbaka till fönstret, såg ut över det vilda, otyglade landskapet. I mörkret och stormen fanns en skönhet som liknade hennes egen själ – ofullständig men ändå hel på sitt eget sätt.

Där, i stormens tystnad, fann Ingrid den frid hon inte visste att hon sökte.

In the Silence of the Storm

Ingrid pulled the thick wool blanket tighter around her and looked out the window. The storm had started to pick up over Gotland at dawn, and now the wind was throwing snowflakes violently across the landscape. Her small cabin, located in a secluded part of the island, suddenly felt even more isolated from the world. She heard the trees outside creaking and the wind whistling around the corners like an ancient melody, both frightening and beautiful at once.

This was exactly what she had been seeking. The solitude, the silence. Christmas, for her, was not a time for joy and companionship, but for stillness and reflection. She had always felt alienated from the conventions others seemed to embrace so easily—the sparkling lights, the laughter around the dinner table, the neatly wrapped gifts. All of that had felt like a mask to her, something that muffled the real emotions lying deeper, beneath the surface.

She stood up from the armchair and slowly walked over to the desk where a pile of papers lay scattered, incomplete thoughts and half-started sentences, like small fragments of her soul. She ran her fingers lightly over one of the sheets, feeling the roughness of the paper, and wondered why the words seemed to elude her now. She had always believed that writing would bring her clarity, but in the seclusion of the cabin, she felt her thoughts becoming more fragmented.

In the silence, memories began to surface, like waves rolling in over the shore. She saw her mother, whose face had been both pale and beautiful, with a quiet sorrow that Ingrid had never understood as a child. The memory of her mother was like a soft shadow, always there, but always fleeting. She remembered the Christmases of her childhood, the quiet moments when they sat together in silence, while her mother sank into her own thoughts, and Ingrid wondered what lay behind her mother's sorrowful eyes.

Perhaps it was this very sorrow, this unconscious longing, that Ingrid was now trying to understand within herself. She had moved through life with a sense of restlessness, an unwillingness to settle, to put down roots. Relationships had come and gone, friends had passed through her life like fleeting clouds, but no one had managed to keep her there. She had always chosen solitude, but now she wondered if it was solitude that had chosen her.

The wind outside grew stronger, and the cabin shook slightly, as though even it were trying to resist the storm. Ingrid sat down at the desk, took up the pen, and began to write. The words came slowly, almost reluctantly, as if they demanded that she explore deeper, further into her own feelings. She wrote about her mother, about the quiet moments they had shared, about the yearning for something unspoken that had always existed between them. She wrote about the snow that fell that Christmas when her mother fell ill, about the sense that something was slipping away, something she would never get back.

In the muted silence, amidst the wild storm outside, Ingrid began to feel a peace. Her thoughts and memories melded together, as if time and space were suspended in the small space of the cabin. She felt how the solitude, which had once felt like a burden, was now becoming an embrace. It was here, in the midst of the storm, where everything was still and yet in motion, that she found clarity.

For her, Christmas no longer became something foreign, something to avoid. Instead, she saw it as a time to come closer to herself, to seek reconciliation with the past. She thought of her mother and the secrets that had remained unspoken, but also of herself and how she was now ready to accept them.

Without quite understanding how it had happened, she felt lighter. As if the wind had blown away some of the heaviest shadows within her. She set the pen down and walked back to the window, looking out over the wild, untamed landscape. In the darkness and the storm, there was a beauty that resembled her own soul—imperfect but still whole in its own way.

There, in the silence of the storm, Ingrid found the peace she hadn't known she had been seeking.

Saffran och Stjärnljus

Kalle klev in genom dörren och andades in den skarpa, kalla luften som fyllde huset. Efter månader av hetta, kryddor och kaos i Indien kändes det som att kliva in i en annan värld. Här, i sin syster Marias hus utanför Uppsala, var allting stilla. Det var julafton och varje hörn av huset var fyllt med dofter som både var bekanta och nya.

"Välkommen hem, Kalle!" ropade Maria från köket, där hon stod med förklädet på och händerna i mjölet. Hennes barn – hans syskonbarn – sprang fram till honom med glada skratt och omfamnade honom. Elias, hennes äldste, bar en tomteluva och skrattade åt Kalle, som såg en aning förvirrad ut i vinterkylan.

Kalle log brett. Han hade saknat detta, värmen och familjekänslan, trots att han trivdes i sitt liv som kock i Indien. Det var något särskilt med julen hemma, även om han visste att saker och ting hade förändrats. Maria hade gift sig med Amir, och deras hem var nu fyllt av traditioner från både Sverige och Iran, en blandning av saffransdoft och stjärnljus.

"Ska vi baka lussekatter?" frågade Kalle, och såg hur Maria log och nickade.

"Ja, fast på vårt sätt," svarade hon, och tog fram en liten glasburk fylld med saffran som hon blandade med en skvätt rosenvatten. "Vi har börjat tillsätta en liten smak av rosor, som en hyllning till Amirs familjetraditioner."

Kalle tittade skeptiskt på burken, men lät sig övertalas. Han visste att mat var en bro mellan kulturer, och även om han till en början känt en viss tvekan inför dessa nya influenser, förstod han nu att varje smak hade sin egen historia. Maria berättade för honom hur saffran hade varit en del av julen för dem båda sedan barndomen, men att rosenvattnet symboliserade deras nya familj, något Amir bidragit med som en kärlekens gest.

Under tiden som de bakade berättade Amir historier från sina egna julminnen – från vinternätter i Teheran till de första gångerna han firade jul med Maria och hennes familj i Sverige. Hans berättelser var fyllda med samma värme och gemenskap, fastän de var klädda i en annan kultur, i andra traditioner. Kalle lyssnade fascinerat. Varje historia, varje minne, verkade ha sin egen smak, sin egen doft.

Barnen hjälpte till med att rulla ut degarna och forma dem till lussekatter. Köket fylldes med skratt när Elias och lilla Leila försökte forma perfekta "S"-formade bullar, och Kalle upptäckte hur hans hjärta mjuknade. Det var något magiskt med att se dessa små händer arbeta med något så svenskt, och ändå visste han att de gjorde det på sitt eget sätt, med influenser från båda sina föräldrar.

När lussekatterna var färdiga och huset fylldes med den varma, kryddiga doften av saffran och rosor, satte de sig runt bordet. De tände ljus och njöt av bullarna, medan snön föll mjukt utanför fönstret, som om världen utanför var inbäddad i stillhet.

"Jag trodde aldrig att jag skulle gilla julen på det här sättet," sa Kalle och såg på sin syster och hennes familj. "Men jag tror att jag förstår nu. Julen handlar inte om att allt ska vara som det alltid har varit. Den handlar om att acceptera det nya, att låta nya smaker, nya berättelser och nya traditioner få ta plats."

Maria log och Amir sträckte sig över bordet och klappade honom vänligt på axeln. "Exakt, Kalle. Julen är en tid för kärlek och gemenskap, oavsett hur den ser ut."

De satt tillsammans i tystnad en stund, njutande av värmen och dofterna som omslöt dem. Och Kalle, som hade levt på andra sidan världen, insåg att hans hem alltid hade varit här, i doften av saffran och stjärnljus, i den kärlek som inte såg gränser eller kulturella skillnader.

När kvällen gick mot sitt slut och barnen långsamt började slumra i soffan, såg Kalle ut över rummet och visste att denna jul, denna stund, skulle stanna hos honom.

Saffron and Starlight

———

Kalle stepped through the door and inhaled the sharp, cold air that filled the house. After months of heat, spices, and chaos in India, it felt like stepping into another world. Here, in his sister Maria's house outside Uppsala, everything was still. It was Christmas Eve, and every corner of the house was filled with scents that were both familiar and new.

"Welcome home, Kalle!" Maria called from the kitchen, where she stood with her apron on and her hands covered in flour. Her children – his nieces and nephews – ran up to him, laughing joyfully and hugging him. Elias, her oldest, wore a Santa hat and laughed at Kalle, who looked a little confused in the winter chill.

Kalle smiled broadly. He had missed this – the warmth and the sense of family – even though he enjoyed his life as a chef in India. There was something special about Christmas at home, even though he knew things had changed. Maria had married Amir, and their home was now filled with traditions from both Sweden and Iran, a blend of saffron scents and starlight.

"Shall we bake saffransbullar?" Kalle asked, watching as Maria smiled and nodded.

"Yes, but in our own way," she replied, bringing out a small glass jar filled with saffron that she mixed with a splash of rose water. "We've started adding a hint of roses, as a tribute to Amir's family traditions."

Kalle looked skeptically at the jar but allowed himself to be persuaded. He knew that food was a bridge between cultures, and although he had initially felt a bit hesitant about these new influences, he now understood that each flavor had its own story. Maria explained how saffron had been part of Christmas for both of them since childhood, but the rose water symbolized their new family, something Amir had contributed as a gesture of love.

As they baked, Amir shared stories from his own Christmas memories – from winter nights in Tehran to the first times he celebrated Christmas with Maria and her family in Sweden. His tales were filled with the same warmth and togetherness, even though they were wrapped in another culture, in different traditions. Kalle listened, fascinated. Each story, each memory, seemed to have its own flavor, its own scent.

The children helped roll out the dough and shape it into saffransbullar. The kitchen filled with laughter as Elias and little Leila tried to form perfect "S"-shaped buns, and Kalle noticed how his heart softened. There was something magical about seeing those little hands working on something so Swedish, and yet he knew they were doing it their own way, with influences from both their parents.

When the saffransbullar were ready and the house filled with the warm, spicy scent of saffron and roses, they sat around the table. They lit candles and enjoyed the buns while the snow gently fell outside the window, as if the world beyond was wrapped in stillness.

"I never thought I'd like Christmas this way," Kalle said, looking at his sister and her family. "But I think I understand now. Christmas isn't about everything staying the same. It's about embracing the new, letting new flavors, new stories, and new traditions take their place."

Maria smiled, and Amir reached across the table to pat him kindly on the shoulder. "Exactly, Kalle. Christmas is a time for love and togetherness, no matter what it looks like."

They sat in silence for a while, enjoying the warmth and the scents surrounding them. And Kalle, who had lived on the other side of the world, realized that his home had always been here, in the scent of saffron and starlight, in the love that saw no borders or cultural differences.

As the evening came to a close and the children slowly began to drift off to sleep on the couch, Kalle looked around the room and knew that this Christmas, this moment, would stay with him forever.

Fönstret

Anna drog filten tätare omkring sig och tittade ut genom fönstret. Skymningen sänkte sig långsamt över Stockholm, och lyktornas dova ljus reflekterades i det tunna snötäcket på gatorna nedanför. Från sin plats i vardagsrummet, i det stora men ensliga huset där hon levt sedan hennes man gick bort, hade hon en perfekt vy över gränden på andra sidan gatan. Det var där hon hade sett honom – den mystiska figuren som alltid gick förbi i samma stund, precis när himlen blev blågrå och skymningen smög sig in.

Första gången hon såg honom, för några veckor sedan, hade hon bara noterat en skugga som rörde sig snabbt förbi. Men snart började hon lägga märke till honom varje kväll, vid samma tidpunkt, som om han följde ett osynligt mönster. Han var högrest, klädd i en lång kappa och en hatt som skuggade hans ansikte. Anna blev nyfiken, nästan motvilligt fascinerad, och började vänta på det ögonblick då han skulle dyka upp. Hennes hjärta slog alltid lite snabbare när han närmade sig, men hon visste inte varför.

Så gick dagarna, och snart var julen nära. Det gamla huset var stilla och kallt, trots att Anna försökte fylla det med doften av bakade kakor och ljudet av julmusik. Men ensamheten var påtaglig. Barnbarnen skulle inte komma förrän efter jul, och hon kunde känna tomheten som låg som en tung, osynlig skugga över rummen. På något sätt blev hennes kvällsliga blickar ut genom fönstret en tröst, en liten ritual som bröt ensamheten.

Men ikväll var något annorlunda. Skymningen hade fallit, men den mystiska figuren dök inte upp. Anna väntade, och tiden gick. Kanske hade han bara tagit en annan väg, tänkte hon, men hon kunde inte undgå att känna en skarp besvikelse. Plötsligt fick hon en impuls, något som kändes ovanligt för henne, nästan vågat. Hon plockade upp sin kappa från hallen och svepte den om sig, drog på sig sina varma stövlar och tog ett djupt andetag innan hon öppnade dörren och klev ut.

Den kalla kvällsluften slog emot henne när hon steg ut på gatan. Hon såg sig omkring, osäker på vad hon egentligen hoppades att finna. Men där, längre ner på gränden, såg hon honom – silhuetten av mannen stod lutad mot en lyktstolpe, stilla och väntande, precis som om han själv hade förväntat sig att någon skulle möta honom.

Med en darrande känsla i kroppen gick Anna försiktigt närmare. När hon kom tillräckligt nära såg mannen upp och log vänligt. Hans ansikte var äldre än hon hade föreställt sig, med milda ögon som glittrade i skenet från lyktan.

"God kväll," sa han med en röst som var lika varm som hans leende.

Anna rodnade lätt men nickade. "Jag... jag ser er ofta gå förbi här om kvällarna," mumlade hon, nästan ursäktande. "Jag vet inte varför jag gick ut, men... jag kände bara att jag måste."

Mannen skrattade mjukt och nickade. "Det är en trevlig vana, att gå en liten promenad varje kväll," sa han. "Särskilt när man har sådana vackra gränder att vandra i." Han såg sig omkring, och Anna märkte att han också verkade ensam på något sätt, trots sitt vänliga ansikte.

De började prata, först om enkla saker – vädret, juldekorationerna i fönstren. Men snart gled samtalet in på minnen från förlorade jular, på de människor som inte längre fanns kvar. Hon berättade om sin man, om hur de brukade dekorera huset tillsammans och hur tomheten kändes påtaglig nu när han var borta. Mannen lyssnade, och hon kunde se att han förstod, att han också bar på egna förluster och sorger.

Efter en stund märkte Anna att skymningen hade övergått till natt, och att stjärnorna nu lyste ovanför dem. Hon frös, men ville inte gå tillbaka in än. Den här stunden, med en främling som inte längre kändes som en främling, fyllde henne med en värme hon inte känt på länge.

"Inte ska du frysa på julaftons kväll," sa mannen och log. "Kanske vi kan dela en kopp varm glögg? Jag bor bara ett stenkast härifrån."

Och så, trots att det var något hon aldrig skulle ha gjort förut, följde Anna med honom. I hans lilla, mysiga lägenhet drack de glögg och pratade ännu mer, om allt och inget, som om de hade känt varandra i hela sina liv.

När Anna till slut gick hemåt, kände hon sig annorlunda. Hennes hjärta var lättare, fylld med en ny sorts glädje och förväntan. Hon visste att hon hade fått en ny vän, någon som kanske också behövde ett fönster att se ut genom, någon som kunde dela hennes tysta kvällar.

Den natten, när hon lade sig, kunde hon inte sluta le. Julen kändes plötsligt inte lika ensam, och hon kände en djup tacksamhet för modet att ha följt sitt hjärta ut genom dörren.

The Window

Anna pulled the blanket tighter around herself and gazed out the window. Dusk slowly settled over Stockholm, and the soft glow of streetlights reflected off the thin layer of snow covering the streets below. From her position in the living room, in the large but lonely house where she had lived since her husband passed away, she had a perfect view of the alley across the street. It was there that she had seen him—the mysterious figure who always passed by at the same time, just as the sky turned blue-gray and dusk crept in.

The first time she had seen him, a few weeks ago, she had only noticed a shadow moving quickly by. But soon, she began to notice him every evening, at the same time, as if he followed an invisible pattern. He was tall, dressed in a long coat and a hat that shadowed his face. Anna became curious, almost reluctantly fascinated, and began waiting for the moment he would appear. Her heart always beat a little faster as he drew near, though she didn't know why.

The days passed, and soon Christmas was near. The old house was still and cold, despite Anna's efforts to fill it with the scent of baked cookies and the sound of Christmas music. But the loneliness was palpable. Her grandchildren wouldn't arrive until after Christmas, and she could feel the emptiness hanging like a heavy, invisible shadow over the rooms. Somehow, her nightly glances out the window had become a comfort, a small ritual that broke the solitude.

But tonight, something was different. Dusk had fallen, but the mysterious figure did not appear. Anna waited, and time passed. Perhaps he had simply taken a different route, she thought, but she couldn't shake the sharp feeling of disappointment. Suddenly, she had an impulse, something that felt unusual for her, almost daring. She picked up her coat from the hall and wrapped it around herself, pulled on her warm boots, and took a deep breath before opening the door and stepping outside.

The cold evening air hit her as she stepped into the street. She looked around, uncertain of what exactly she hoped to find. But there, further down the alley, she saw him—the silhouette of the man standing leaning against a lamppost, still and waiting, as if he had expected someone to meet him.

With a trembling feeling in her body, Anna cautiously walked closer. When she was close enough, the man looked up and smiled kindly. His face was older than she had imagined, with gentle eyes that sparkled in the light of the lamppost.

"Good evening," he said, his voice as warm as his smile.

Anna blushed slightly but nodded. "I... I often see you walk by here in the evenings," she mumbled, almost apologetically. "I don't know why I came out, but... I just felt like I had to."

The man laughed softly and nodded. "It's a nice habit, to take a little walk every evening," he said. "Especially when you have such beautiful alleys to walk in." He looked around, and Anna noticed that he also seemed to be alone in some way, despite his friendly face.

They began talking, first about simple things—the weather, the Christmas decorations in the windows. But soon, the conversation shifted to memories of lost Christmases, of people who were no longer with them. She told him about her husband, how they used to decorate the house together, and how the emptiness felt so tangible now that he was gone. The man listened, and she could see that he understood, that he, too, carried his own losses and sorrows.

After a while, Anna noticed that dusk had turned to night, and that the stars were now shining above them. She was cold, but didn't want to go back inside yet. This moment, with a stranger who no longer felt like a stranger, filled her with a warmth she hadn't felt in a long time.

"You shouldn't freeze on Christmas Eve," the man said with a smile. "Maybe we could share a cup of warm mulled wine? I live just a stone's throw from here."

And so, despite it being something she never would have done before, Anna followed him. In his small, cozy apartment, they drank mulled wine and talked some more, about everything and nothing, as if they had known each other all their lives.

When Anna finally headed home, she felt different. Her heart was lighter, filled with a new kind of joy and expectation. She knew she had gained a new friend, someone who might also need a window to look out of, someone who could share her quiet evenings.

That night, as she lay down, she couldn't stop smiling. Christmas no longer felt so lonely, and she felt a deep gratitude for the courage to have followed her heart out the door.

Tomtens Hemlighet

Stina såg sig omkring i sitt lilla kök som nu var fyllt av julljus, glitter och pepparkaksdeg som barnen glatt kavlade ut på bordet. Men inombords kände hon sig lika utmattad som ljusen på adventsstaken, som redan hade börjat fladdra och brinna ojämnt. Den första julen som ensamstående förälder hade kommit med en överväldigande press. Hon ville skapa en magisk jul för sina barn – så perfekt att de inte ens skulle märka att deras pappa inte var där.

Men när hon stod där och såg högen med osorterade julklappar, de halvgjorda dekorationerna, och den överfulla att-göra-listan, kände hon hur ångesten tryckte på. Barnens skratt fyllde köket, men inuti kände hon sig ensam och oförmögen att göra julen lika fantastisk som hon hade föreställt sig.

Det var då han dök upp – den excentriske mannen med vitt, yvigt skägg och en röd mössa som alltid satt lite på sned. Hon hade sett honom ett par gånger i byn den senaste veckan, alltid klädd i samma röda rock, trots att det inte var tomtedräktstiden riktigt än. Han verkade vara i sextio- eller sjuttioårsåldern, och när de hade stött på varandra på torget hade han gett henne ett särskilt blick, en sån där som kändes som om han såg rätt igenom henne.

En dag när hon var på väg hem från mataffären stötte hon på honom igen, precis utanför sitt eget hus. Han stod där, lutad mot ett träd och log som om han hade väntat på henne.

"God jul, fröken!" hälsade han glatt och tog av sig mössan med en elegant bugning.

"God jul," svarade hon, lite förvånad. "Är du... bor du här i närheten?"

Han nickade och log hemlighetsfullt. "Ja, men jag är bara här den här tiden på året. Jag brukar hjälpa till med att sprida lite extra glädje." Han blinkade lekfullt. "Jag är faktiskt tomten, vet du."

Stina kunde inte låta bli att le. "Är du det? Då får du väl gärna komma in och säga hej till barnen. De skulle bli glada att träffa den 'riktiga' tomten."

Mannen nickade och följde med henne in, där barnen sken upp när de såg hans röda rock och långa skägg. Han satte sig ner i köket och började småprata med dem, lyssnade intresserat på deras önskelistor och berättade historier om "nissarna i tomteverkstan." Stina stod bredvid och kände hur trycket över bröstet lättade något. För en stund var allt magiskt och enkelt.

När barnen sprungit iväg för att leka med sina nya vän hade Stina och mannen en stund ensamma. Hon visste inte varför, men hon kände att hon kunde tala öppet med honom.

"Det känns ibland som om jag måste vara både mamma och pappa," sa hon lågt. "Det är som om jag hela tiden försöker att göra allt perfekt för barnen, så att de inte ska känna att något fattas."

Han nickade och la en hand på hennes axel. "Perfektion är ett slöseri med tid, Stina. Det är i de små stunderna som magin finns. Att baka pepparkakor, läsa sagor, och till och med sitta tyst tillsammans i skenet från granen. Det är de där små ögonblicken som barnen kommer minnas."

Stina såg på honom, tagen av hans ord. "Men hur ska jag hinna allt? Hur skapar jag de där ögonblicken när det är så mycket annat att göra?"

Han log och pekade på en pepparkaka som barnen glömt bort på bordet. "Kanske är det inte du som skapar dem, utan de som skapar sig själva. Julens magi finns redan där, Stina. Vi vuxna har bara en tendens att dölja den med alla våra 'måsten.'"

Under de följande dagarna dök mannen upp igen några gånger, alltid med en ny berättelse eller ett klokt ord. Han hade en särskild gåva för att påminna Stina om vad som verkligen betydde något. En gång hade han till och med med sig en enkel hemmagjord dekoration – en stjärna av halm och röda band. "Detta är allt du behöver för att lysa upp ett rum," sa han enkelt.

Ju närmare julafton det blev, desto mer insåg Stina att julen inte handlade om att uppfylla en idealbild. Barnen behövde bara henne, där och då, i det ögonblick de var i.

På julaftons kväll, när barnen hade somnat och allt var stilla, satt Stina ensam i vardagsrummet med endast granens ljus som sällskap. Hon tänkte på den mystiska mannen och hans råd, och hur han hade gett henne modet att släppa tanken på perfektion och istället omfamna det enkla.

Precis då hörde hon ett svagt knackande på dörren. Hon öppnade försiktigt och fann en liten present inslagen i papper och ett kort där det stod:

"God jul, Stina. Kom ihåg att magin finns i de enkla ögonblicken. Din vän, Tomten."

När hon såg sig omkring fanns det ingen där, bara den friska vinterluften och det tysta, vita landskapet. Hon gick in igen och öppnade försiktigt paketet. Inuti låg en liten figur av en tomte, gjord i trä, med ett vänligt, rödbrusigt ansikte som påminde henne om mannen.

Stina log. Kanske var han verkligen tomten, kanske inte – men han hade gett henne den största julklappen av alla: insikten om att hon redan hade allt hon behövde för att skapa en meningsfull jul för sina barn. Och det, tänkte hon, var julens verkliga hemlighet.

Santa's Secret

Stina looked around her small kitchen, now filled with Christmas lights, glitter, and gingerbread dough that the children happily rolled out on the table. But inside, she felt as drained as the candles on the Advent wreath, which had already started to flicker and burn unevenly. The first Christmas as a single parent had come with overwhelming pressure. She wanted to create a magical Christmas for her children – so perfect that they wouldn't even notice their father wasn't there.

But as she stood there looking at the pile of unwrapped presents, the half-finished decorations, and the overflowing to-do list, she could feel the anxiety pressing down. The children's laughter filled the kitchen, but inside, she felt alone and incapable of making Christmas as wonderful as she had imagined.

That was when he appeared – the eccentric man with a white, bushy beard and a red hat that was always a bit askew. She had seen him a couple of times in the village over the past week, always dressed in the same red coat, even though it wasn't quite Santa season yet. He seemed to be in his sixties or seventies, and when they had run into each other at the town square, he had given her a particular look, one that felt as though he could see straight through her.

One day, as she was on her way home from the grocery store, she bumped into him again, right outside her own house. He stood there, leaning against a tree, smiling as if he had been waiting for her.

"Merry Christmas, miss!" he greeted cheerfully, tipping his hat with a graceful bow.

"Merry Christmas," she replied, a little surprised. "Do you... do you live around here?"

He nodded, smiling mysteriously. "Yes, but I'm only here at this time of year. I usually help spread a little extra joy." He winked playfully. "I'm actually Santa, you know."

Stina couldn't help but smile. "Are you? Well, you're welcome to come in and say hello to the children. They'd love to meet the 'real' Santa."

The man nodded and followed her inside, where the children lit up at the sight of his red coat and long beard. He sat down in the kitchen and began chatting with them, listening intently to their wish lists and telling stories about "the elves in Santa's workshop." Stina stood by and felt the pressure in her chest ease slightly. For a moment, everything felt magical and simple.

When the children ran off to play with their new friend, Stina and the man had a moment alone. She didn't know why, but she felt she could speak freely with him.

"Sometimes it feels like I have to be both mom and dad," she said quietly. "It's like I'm always trying to make everything perfect for the kids, so they don't feel like something is missing."

He nodded and placed a hand on her shoulder. "Perfection is a waste of time, Stina. It's in the small moments where the magic lies. Baking gingerbread, reading stories, even sitting quietly together in the glow of the tree. Those are the moments the children will remember."

Stina looked at him, moved by his words. "But how can I do it all? How can I create those moments when there's so much else to do?"

He smiled and pointed to a gingerbread cookie the children had forgotten about on the table. "Maybe it's not you who creates them, but rather, they create themselves. The magic of Christmas is already there, Stina. We adults just have a tendency to cover it up with all our 'must-dos.'"

In the following days, the man showed up a few more times, always with a new story or a wise word. He had a special gift for reminding Stina of what really mattered. One time, he even brought a simple homemade decoration – a star made of straw and red ribbons. "This is all you need to light up a room," he said simply.

As Christmas Eve drew closer, Stina realized that Christmas wasn't about fulfilling an ideal image. The children only needed her, here and now, in the moment they were in.

On Christmas Eve night, when the children had fallen asleep and everything was still, Stina sat alone in the living room, the only company being the lights from the tree. She thought about the mysterious man and his advice, and how he had given her the courage to let go of the idea of perfection and instead embrace the simple.

Just then, she heard a faint knock at the door. She opened it cautiously and found a small gift wrapped in paper with a card that read:

"Merry Christmas, Stina. Remember that the magic is in the simple moments. Your friend, Santa."

When she looked around, there was no one there, only the fresh winter air and the silent, white landscape. She went back inside and carefully opened the package. Inside was a small wooden figurine of Santa, with a friendly, red-cheeked face that reminded her of the man.

Stina smiled. Maybe he was truly Santa, maybe not – but he had given her the greatest Christmas gift of all: the realization that she already had everything she needed to create a meaningful Christmas for her children. And that, she thought, was the true secret of Christmas.

Ett Kärleksbrev vid Midnatt

———

Det var en frostbiten julaftonskväll när Erik, med händerna djupt nerstuckna i fickorna, vandrade genom de stillsamma gatorna i Gamla Stan. Stockholm var täckt av ett tunt lager snö som glittrade i skenet från de gamla gatlyktorna, och det var en sån där magisk tystnad i luften som bara fanns på julafton. Erik hade egentligen inte haft några planer för kvällen. Han trivdes med ensamheten och tyckte om tanken på att gå runt och fundera på livet, utan något särskilt mål.

Så småningom kom han fram till en gammal bokhandel, en sådan som alltid hade fascinerat honom men som han aldrig tidigare hade haft tillfälle att besöka. Det lilla skyltfönstret var dekorerat med böcker och ljusslingor som spred ett varmt sken ut på den kalla gatan. Han gick in, och en klocka över dörren pinglade mjukt.

Butiken var trång, fylld från golv till tak med böcker i alla möjliga färger och storlekar. En äldre dam bakom disken log varmt mot honom. "God jul," hälsade hon med en vänlig nick.

"God jul," svarade Erik och började bläddra planlöst bland hyllorna. Hans fingrar stannade vid en gammal, slitlagd bok med en vacker blått omslag och gyllene bokstäver. Något med boken kändes bekant och lockande, som om den hade väntat just på honom.

När han öppnade boken för att bläddra, föll ett litet gulnat papper ut och singlade ner på golvet. Försiktigt plockade han upp det och insåg att det var ett brev, omsorgsfullt skrivet i en vacker, snirklig handstil.

"Min älskade, min allt," började det.

Orden fångade honom genast, och han läste vidare. Det var en kärleksförklaring från en kvinna vid namn Astrid till en man som hette Johan. Hon beskrev deras hemliga möten, hennes rädsla för att förlora honom, och hennes djupa längtan efter att en dag få leva sitt liv med honom – omständigheterna kring deras kärlek var aldrig helt klara, men brevet andades en intensiv passion och en smärtsam osäkerhet.

Erik kände sig märkligt berörd. Tänk att dessa ord, som en gång skrivits med sådan innerlighet, nu hade hamnat i hans händer – ord som talade om en kärlek som verkade större än livet självt.

Impulsivt bestämde han sig för att ta reda på mer om Astrid och Johan. Kanske fanns det en historia bakom brevet som han kunde få klarhet i. Klockan visade redan sent, men känslan av att ha funnit något betydelsefullt fyllde honom med energi.

Han gick tillbaka till damen bakom disken och höll upp brevet. "Vet du något om det här?" frågade han försiktigt.

Hon skakade på huvudet men såg intresserad ut. "Det där är en av de där små mysterierna som ibland dyker upp bland våra böcker. Ibland lämnar folk gamla brev och anteckningar i dem. Men jag har aldrig sett det brevet förut."

Erik tackade henne och gick ut igen i den kalla natten, fortfarande med brevet i handen. Hans första tanke var att gå till biblioteket och se om det fanns några register över Astrid och Johan från 1940-talet, men han insåg att det skulle vara stängt. Ändå, något drev honom att fortsätta.

Han gick runt i staden, tänkte på Astrid och Johan, och undrade vad som hade hänt dem. Hur hade deras historia slutat? Var det en lycklig jul för dem, eller något sorgligt? Tanken på en kärlek som aldrig fick blomma ut gjorde honom vemodig men samtidigt fylld av en oväntad värme.

Till slut stannade han vid en parkbänk, precis vid vattnet. Han satte sig ner, lät vinden svepa över sig, och tänkte på sitt eget liv. Han hade varit ensam länge, rädd för att öppna sitt hjärta på nytt efter ett smärtsamt uppbrott. Men något i brevet, i Astrids ord, fick honom att undra om han kanske hade stängt sig för kärleken alldeles för tidigt.

Plötsligt hörde han en röst bredvid sig. Det var den äldre damen från bokhandeln, som nu hade på sig en tjock yllekappa och stod bredvid honom med ett mild leende.

"Jag tänkte att du kanske skulle vara här," sa hon och satte sig ner bredvid honom. "Det händer ibland att vissa brev finner sina läsare. Kanske är det något Astrid och Johan vill säga dig."

Erik såg förvånat på henne. "Tror du verkligen på sånt?"

Hon nickade långsamt. "Kärlek har en märklig förmåga att nå oss, även genom tiden. Kanske är det ett tecken på att du ska våga älska igen."

Erik kände hur hans hjärta mjuknade, som om en frusen del av honom långsamt tinade upp. Han tittade på brevet igen, på de kärleksfulla orden som Astrid en gång hade skrivit. Det kändes som om hon talade till honom, genom decennierna, och bad honom att ge kärleken en ny chans.

Natten kändes plötsligt annorlunda, fylld av hopp. Med ett leende vek han ihop brevet och stoppade det försiktigt i fickan, som en påminnelse om kärlekens kraft – även om den ibland var gömd i det förflutna.

Den äldre damen reste sig och gav honom en sista blick innan hon försvann in i natten.

"God jul, Erik," sa hon med en röst som lät lika gammal som klok.

"God jul," viskade han tillbaka, med hjärtat fyllt av en ny sorts glädje.

När han vandrade hemåt genom de snötäckta gatorna den natten, visste han att han hade blivit en del av en kärlekshistoria – en historia som kanske aldrig blev avslutad, men som nu hade fått en ny början genom honom.

A Love Letter at Midnight

It was a frostbitten Christmas Eve when Erik, with his hands deeply stuffed in his pockets, wandered through the quiet streets of Gamla Stan. Stockholm was covered in a thin layer of snow that sparkled in the glow of the old streetlights, and there was that magical silence in the air that only existed on Christmas Eve. Erik hadn't really made any plans for the evening. He enjoyed the solitude and liked the thought of walking around, pondering life, with no particular destination.

Eventually, he came upon an old bookstore, one that had always fascinated him but that he had never had the chance to visit. The little display window was decorated with books and fairy lights that cast a warm glow onto the cold street. He went inside, and a bell above the door chimed softly.

The store was cramped, filled from floor to ceiling with books of all shapes and sizes. An older woman behind the counter smiled warmly at him. "Merry Christmas," she greeted him with a friendly nod.

"Merry Christmas," Erik replied, beginning to browse aimlessly through the shelves. His fingers paused at an old, worn book with a beautiful blue cover and golden lettering. Something about the book felt familiar and inviting, as if it had been waiting for him.

As he opened the book to leaf through it, a small, yellowed piece of paper fell out and fluttered down to the floor. Gently, he picked it up and realized it was a letter, carefully written in a beautiful, swirling handwriting.

"My beloved, my everything," it began.

The words immediately captivated him, and he read on. It was a love letter from a woman named Astrid to a man named Johan. She described their secret meetings, her fear of losing him, and her deep longing to one day live her life with him – the circumstances of their love were never fully clear, but the letter radiated intense passion and painful uncertainty.

Erik felt strangely moved. To think that these words, once written with such sincerity, had now ended up in his hands – words that spoke of a love that seemed larger than life itself.

Impulsively, he decided to find out more about Astrid and Johan. Maybe there was a story behind the letter that he could uncover. The clock was already late, but the feeling of having found something significant filled him with energy.

He went back to the woman behind the counter and held up the letter. "Do you know anything about this?" he asked carefully.

She shook her head but looked intrigued. "That's one of those little mysteries that sometimes appear among our books. People occasionally leave old letters and notes in them. But I've never seen that one before."

Erik thanked her and went back out into the cold night, still holding the letter. His first thought was to go to the library and see if there were any records of Astrid and Johan from the 1940s, but he realized it would be closed. Still, something drove him to continue.

He wandered around the city, thinking about Astrid and Johan, wondering what had happened to them. How had their story ended? Was it a happy Christmas for them, or something sad? The thought of a love that never had a chance to fully bloom made him feel wistful but also filled him with an unexpected warmth.

Finally, he stopped at a park bench, right by the water. He sat down, let the wind sweep over him, and thought about his own life. He had been alone for a long time, afraid to open his heart again after a painful breakup. But something in the letter, in Astrid's words, made him wonder if perhaps he had closed himself off from love too soon.

Suddenly, he heard a voice beside him. It was the older woman from the bookstore, now wearing a thick woolen coat, standing beside him with a gentle smile.

"I thought you might be here," she said, sitting down next to him. "Sometimes letters find their readers. Maybe Astrid and Johan have something to say to you."

Erik looked at her in surprise. "Do you really believe in that?"

She nodded slowly. "Love has a strange ability to reach us, even through time. Perhaps it's a sign that you should dare to love again."

Erik felt his heart soften, as if a frozen part of him was slowly thawing. He looked at the letter again, at the loving words that Astrid had once written. It felt as though she was speaking to him, across the decades, urging him to give love another chance.

The night suddenly felt different, filled with hope. With a smile, he folded the letter and gently put it in his pocket, as a reminder of love's power – even when it was hidden in the past.

The older woman stood up and gave him one last look before disappearing into the night.

"Merry Christmas, Erik," she said, with a voice that sounded as old as it was wise.

"Merry Christmas," he whispered back, his heart filled with a new kind of joy.

As he walked home through the snow-covered streets that night, he knew that he had become part of a love story – a story that might never have been finished, but now had a new beginning through him.

Julens Ensamma Stjärna

Det var djupt in i december när Elinor anlände till den lilla byn i norra Sverige. Skogen runt omkring var inbäddad i ett mjukt, tyst lager av snö, och luften var tung med löften om fler snöfall. Hon hade lämnat stadens ljud och liv bakom sig, sökt sig till denna avlägsna plats för att finna lugnet som bara isoleringen kunde erbjuda. Eller kanske för att gömma sig från den tomhet som hennes förlust hade lämnat i henne. Sorg var som en skugga som smög med henne i varje steg.

Den lilla stugan vid skogsbrynet hade hon hyrt för att måla, eller åtminstone försöka, men färgerna på hennes palett förblev orörda. Kanske, tänkte hon, var konsten också en sorts flykt. Hennes penslar vilade där, ensamma på bordet, som om de avvaktade hennes beslut att måla igen, att bryta sig ur sorgen och skapa.

Kvällarna var långa här uppe, nätterna mörka och himlen djup och ändlös. Ofta satt hon i det kalla ljuset från månen och lät sina tankar vandra. Minnet av de förlorade stunderna, av röster och skratt, var som spöken som dansade genom hennes medvetande. Och i den ensamheten fann hon en viss tröst, en märklig ro i att inte behöva dela sin sorg med någon annan. Men det var också en ensamhet som sved.

När julafton närmade sig, såg hon byborna förbereda sig. Små lysande ljusslingor hängdes upp över husens dörrar och grenar, och röken från eldstäderna skapade mjuka, virvlande moln mot himlen. Hon höll sig undan, betraktade på avstånd som om hon var en främling i ett annat land. Vad betydde julen när man inte hade någon att fira med? Vad var ljuset i dessa mörka nätter värt, när det inte fanns någon där att dela det med?

Men på julnatten, just när snön började falla tyngre och dämpade alla ljud, hörde hon sånger på avstånd. Först bara svaga, nästan ohörbara toner, men sakta blev de starkare, närmare, tills hon kunde urskilja melodin. Det var julens sånger, mjukt sjungna av röster som kändes varma, nästan som om de bar på själva essensen av gemenskap.

Nyfiken, drog hon på sig kappan och gick ut i natten. I skenet av byns lyktor såg hon en liten grupp människor som stod samlade och sjöng tillsammans. Rösterna steg och föll, blandades med den kalla nattluften och skapade något som liknade ett svagt sken i mörkret. Hon höll sig i utkanten, osynlig i skuggorna, men något i deras närvaro berörde henne. Det var som om deras sång fyllde det tomrum som hade gnagt i henne.

Plötsligt vände en av sångarna på huvudet och fick syn på henne. Det var en kvinna med ett vänligt leende och mjuka, runda kinder som glödde i kylan. Hon vinkade åt Elinor att komma närmare.

"Kom," ropade kvinnan. "Vi sjunger en sång till dig."

Elinor kände sig först motvillig, men något i kvinnans blick var oförklarligt inbjudande, och utan att riktigt förstå varför, närmade hon sig gruppen. De fortsatte sjunga, och nu stod Elinor bland dem, omgiven av främlingar som hade släppt in henne, om än bara för ett ögonblick. Hennes hjärta värmdes långsamt, som om deras röster var en låga som tände något hon trodde hade slocknat för alltid.

När sången tog slut, såg kvinnan på henne igen, den här gången med en förstående blick. "Ibland," sa hon, "kan ensamheten vara som en stjärna. Den lyser där, ensam på himlen, men den ger också ljus åt andra."

Orden, enkla men kraftfulla, ekade inom Elinor. Hon hade tänkt på sin ensamhet som något mörkt, något kallt och isolerande. Men kanske, bara kanske, var den också något som kunde omvandlas, något som kunde dela sitt ljus med världen, även om hon själv inte såg det.

Kvinnan tog hennes hand och kramade den lätt. "God jul," viskade hon, och Elinor svarade med ett svagt men äkta leende.

När hon återvände till sin stuga den natten, fylldes hon av en märklig känsla av frid. Hon satte sig vid sitt staffli, tog en pensel och doppade den i färgen för första gången på länge. Hon målade stjärnor, många stjärnor på en mörk vinterhimmel, alla ensamma men ändå sammanlänkade, som om de tillsammans skapade ett mönster som bara kunde ses av den som betraktade på avstånd.

Och så målade hon natten lång, medan stjärnorna där ute lyste över den stilla, snötäckta byn, och hon förstod att ljus ibland kan komma från de mest oväntade platser.

The Lonely Star of Christmas

It was deep into December when Elinor arrived at the small village in northern Sweden. The forest around her was blanketed in a soft, silent layer of snow, and the air was heavy with promises of more snowfall. She had left behind the noise and bustle of the city, seeking this remote place to find the peace that only isolation could offer. Or perhaps to hide from the emptiness that her loss had left inside her. Grief was like a shadow, creeping with her in every step.

The small cabin by the edge of the forest was rented for her to paint, or at least to try, but the colors on her palette remained untouched. Perhaps, she thought, art was also a form of escape. Her brushes lay there, lonely on the table, as if waiting for her decision to paint again, to break free from the sorrow and create.

The evenings were long up here, the nights dark, and the sky deep and endless. Often, she sat in the cold light of the moon, letting her thoughts wander. The memory of lost moments, of voices and laughter, was like ghosts dancing through her consciousness. And in that solitude, she found a certain comfort, a strange peace in not having to share her grief with anyone else. But it was also a loneliness that stung.

As Christmas Eve approached, she saw the villagers preparing. Little twinkling lights were hung over the doors and branches of houses, and smoke from the chimneys created soft, swirling clouds against the sky. She kept her distance, watching from afar as if she were a stranger in a foreign land. What did Christmas mean when you had no one to celebrate with? What was the worth of the light in these dark nights when there was no one there to share it with?

But on Christmas night, just as the snow began to fall heavier and muffled all sounds, she heard singing in the distance. At first, it was only faint, almost inaudible notes, but slowly they grew louder, closer, until she could distinguish the melody. It was Christmas carols, softly sung by voices that felt warm, almost as if they carried the very essence of togetherness.

Curious, she put on her coat and stepped out into the night. In the glow of the village lamps, she saw a small group of people gathered, singing together. The voices rose and fell, blending with the cold night air, creating something that resembled a faint light in the darkness. She stayed on the edge, hidden in the shadows, but something in their presence touched her. It was as if their song filled the emptiness that had gnawed at her.

Suddenly, one of the singers turned her head and saw her. It was a woman with a friendly smile and soft, round cheeks glowing in the cold. She waved for Elinor to come closer.

"Come," the woman called. "We're singing a song for you."

At first, Elinor hesitated, but something in the woman's gaze was inexplicably inviting, and without fully understanding why, she moved closer to the group. They continued to sing, and now Elinor stood among them, surrounded by strangers who had welcomed her, even if just for a moment. Her heart warmed slowly, as if their voices were a flame that ignited something she thought had gone out forever.

When the song ended, the woman looked at her again, this time with an understanding glance. "Sometimes," she said, "loneliness can be like a star. It shines there, alone in the sky, but it also gives light to others."

The words, simple but powerful, echoed within Elinor. She had seen her loneliness as something dark, something cold and isolating. But perhaps, just perhaps, it could also be something that could transform, something that could share its light with the world, even if she herself couldn't see it.

The woman took her hand and squeezed it gently. "Merry Christmas," she whispered, and Elinor responded with a faint but genuine smile.

When she returned to her cabin that night, she was filled with a strange sense of peace. She sat at her easel, took a brush, and dipped it into the paint for the first time in a long while. She painted stars, many stars in a dark winter sky, all alone but still interconnected, as if they created a pattern that could only be seen by those who looked from a distance.

And so she painted through the night, while the stars outside shone over the quiet, snow-covered village, and she understood that light sometimes comes from the most unexpected places.